# ALLOCUTION

PRONONCÉE

# POUR LE MARIAGE

De M<sup>r</sup> le Baron Albert DU BLAISEL

AVEC

M<sup>lle</sup> Marguerite NEYRON DES GRANGES

PAR

*M. l'Abbé de SAINT-PULGENT*

Curé de Saint-Irénée, à Lyon.

LYON

IMPRIMERIE LOUIS PERRIN

ALF. LOUIS PERRIN & MARINET, Succ.

Rue d'Amboise, 6.

—

1874

# ALLOCUTION

*Du 14 novembre 1874*

# ALLOCUTION

PRONONCÉE

# POUR LE MARIAGE

De Mr le Baron ALBERT DU BLAISEL

AVEC

Mlle MARGUERITE NEYRON DES GRANGES

PAR

M. l'Abbé de SAINT-PULGENT

Curé de Saint-Irénée, à Lyon.

## LYON

IMPRIMERIE LOUIS PERRIN

ALF. LOUIS PERRIN & MARINET, SUCC.

Rue d'Amboise, 6.

1874

E 8 novembre 1874, M. le curé de Roche-la-Molière (Loire), paroisse où est situé le château de la Roare, résidence de la famille Neyron des Granges, après avoir fait l'annonce du mariage de M^{lle} Marguerite Neyron des Granges avec M. le Baron Louis-Albert du Blaisel, ajouta ces paroles :

« Je crois devoir, mes frères, déroger aux usages
« ordinaires, à l'occasion de cette annonce de ma-
« riage, en appelant spécialement sur elle votre atten-
« tion. J'ai la conviction de faire plaisir à tous mes
« paroissiens, et de remplir moi-même un devoir de
« juste reconnaissance. Permettez-moi de vous enga-
« ger à appeler, par vos prières, les plus abondantes
« bénédictions du ciel sur cette alliance, afin que les
« traditions de charité envers les malheureux, et par-
« ticulièrement envers les orphelins, ainsi qu'en fa-

« veur de votre église paroissiale, puissent se perpé-
« tuer à jamais dans la famille. »

Les paroissiens de Roche-la-Molière comprirent cet
appel. Ils s'empressèrent d'entrer dans les vues de leur
vénéré pasteur, en donnant à cette union le concours
de leurs prières. La veille du mariage, une députation
des jeunes personnes de la paroisse vint offrir un bou-
quet à la future mariée, et l'une d'entre elles lui
adressa ce compliment :


« MADEMOISELLE,

« Permettez aux jeunes personnes de Roche de
« venir, en cette circonstance solennelle, vous pré-
« senter leurs hommages, et vous offrir les vœux ar-
« dents qu'elles forment pour votre bonheur. Votre
« bonheur, Mademoiselle, il intéresse toute la popu-
« lation ; car vous appartenez à une famille qui a
« toujours partagé ses jouissances avec les déshérités
« de ce monde.
« Nous vous prions d'accepter ces simples fleurs.
« Leur odeur nous rappelle le parfum de vos bonnes
« œuvres et de vos exemples ; et leur couleur nous
« fait souvenir de l'éclat de vos vertus. Pour vous,
« Monsieur le baron, vous allez nous priver d'un ange

« de notre pays, et nous ne pouvons nous consoler
« que par la certitude que les qualités précieuses qui
« vous distinguent rendront son bonheur parfait. »

Le jour de la célébration du mariage, fixé au samedi 14 novembre, étant arrivé, les habitants de Roche s'empressèrent de s'unir aux nombreux assistants qui s'étaient rendus à l'invitation de la famille. Les jeunes gens de la fanfare de Roche voulurent exécuter des morceaux à la Messe. M$^{me}$ Chazel, femme du chef de la fanfare, chanta un : *O Salutaris*, à l'Élévation. M le curé avait déployé, pour cetre cérémonie une pompe inusitée. L'assistance étant réunie, et les époux agenouillés devant l'autel, M. l'abbé de Saint-Pulgent, curé de Saint-Irénée, à Lyon, chanoine honoraire d'Auch et de Gap, célébrant, prononça l'allocution suivante :

C'est un événement important dans la vie que celui du mariage chrétien, sacrement de la loi nouvelle, que l'apôtre saint Paul déclare grand dans le Christ et dans l'Eglise (1). Prédestinées par le choix

(1) Sacramentum hoc magnum est, ego autem dico in Christo et in Ecclesiâ. (S. Paul aux Ephésiens, chap. V.)

de la Providence et celui de la tendresse éclairée de la famille, deux ames se réunissent en ce jour, pour cheminer de concert dans la vie, et pour se jurer amour et fidélité devant les saints autels.

C'est la vocation de la vierge chrétienne, que, tout en conservant la même tendresse filiale à ces parents qui l'ont fait grandir au souffle de leur amour, elle abrite sa faiblesse sous la protection d'un époux, comme une plante délicate cherche l'appui d'un chêne robuste. C'est la vocation du jeune homme, de fixer les incertitudes de son avenir, en se faisant un foyer auprès duquel il retrouve dans une compagne pleine de piété et de grâces modestes, les sentiments intimes et les saintes affections qu'il a puisés dans le cœur de sa mère. C'est aussi la vocation des pères et des mères, d'aimer à se voir revivre dans les enfants de leurs enfants, et de sacrifier même les joies de la possession, pour donner une fille chérie à celui qui a la mission de faire son bonheur. C'est pour cela que nos saints livres nous transmettent cette parole des anciens âges : « L'homme quittera « son père et sa mère, et il s'attachera à sa « femme (1), » parole qui a fondé la première famille, et qui a ouvert la série des patriarcales bénédictions.

C'est pour cette grande chose aux yeux de la foi, et devant la société, que nous sommes tous réunis dans cette église paroissiale. Ses murs pourraient redire, si le silence évangélique qui doit recouvrir les bonnes œuvres n'était pas plus éloquent que tous les panégyriques, tout ce qu'a fait pour la maison de Dieu, et pour les malheureux de toute sorte, cette famille vraiment miséricordieuse, si justement environnée d'une universelle considération. Elle a été fidèle en cela aux exemples d'une aïeule appelée la Mère des

______

(1) Quamobrem relinquet homo patrem suum et matrem, et adhærebit uxori suæ.　　　　(*Genèse*, chap. II.)

Pauvres, *et d'une sœur trop tôt ravie aux malheureux.*

*Si la bouche de tous ces paroissiens ici accourus comme pour un événement de famille pouvait se délier, tous parleraient, et tous diraient :* « Oui, Mademoiselle Mar-
« guerite, vous méritez bien par les vertus
« de vos parents et vos qualités personnel-
« les l'époux qui vous est donné. Votre
« bonheur, c'est le nôtre, et tous les habi-
« tants de Roche, unis à leur excellent pas-
« teur, ne forment qu'une voix pour appeler
« sur vous les faveurs célestes. »

*Ne soulevons donc point de voiles pour révéler ce que les anges ont mieux su écrire que nous ne pourrions le retracer, et signalons entre tant de choses dignes d'être louées, une vertu de famille, qui explique ma présence ici : la fidélité à l'amitié. Car, vous ne l'ignorez pas, Mademoiselle et chère enfant, c'est cette ancienne amitié de vos*

parents, qui, après m'avoir convié auprès
des fonts sacrés pour votre baptême, me rappelle ici aujourd'hui pour la cérémonie de
votre union nuptiale.

Depuis vos plus tendres années, je vous ai
toujours suivie de mes yeux et de mon cœur,
et, mieux que personne, ayant apprécié tous
les trésors de candeur et de bonté qui sont
dans votre âme, je puis, par la vertu de mon
ministère, vous donner à un époux avec
confiance.

Je vous donne en même temps à une noble
et antique famille, dont les ancêtres lui ont
conquis sur les champs de bataille le patrimoine de l'honneur, et qui touche, par des
alliances, à la sainteté placée par l'Eglise
sur les autels (1). Et celui qui est là, age-
nouillé, sous l'habit du guerrier, il a re-

---

(1) Un ancêtre de la famille du Blaisel avait épousé une
sœur de saint François de Paule ; un autre membre de la famille de Senarpont, famille de la mère du marié, avait épousé
une parente de Madame de Chantal.

cueilli cet héritage glorieux, et, dans nos récents désastres, son épée eût pu aider à sauver la patrie, si la patrie eût pu être sauvée. Il a aidé au moins à sauver son honneur, de l'aveu même de l'ennemi, et il a su lui montrer un soldat fidèle à la devise des anciens preux.

Qu'il vous reçoive donc aujourd'hui, Mademoiselle, de la part de l'Eglise, et que cette main qui sait tenir l'épée pour la France se tende pour serrer la main d'une épouse, dont il saura aussi protéger le bonheur. C'est là ce que vous garantit toute une famille vénérable, qui vous a déjà adoptée, et surtout une mère qui, portant dans son âme, avec ses vertus personnelles, tous les mérites d'un époux qui était un saint, vous regarde déjà comme sa fille bien-aimée.

Qu'aucune larme n'attriste donc, chers parents de Marguerite, l'allégresse de ce jour ; parce que tout vous le dit ici, et la voix de l'amitié, et la voix de la religion : Votre Marguerite sera heureuse ! Elle sera aimée comme vous l'avez aimée. Ce mariage, en effet, est une fête ; une fête du pays, et tous ces parents et amis, présents dans ce temple, unissent en ce moment leurs prières pour faire descendre sur ces heureux époux les célestes bénédictions.

Que le Seigneur vous accorde par elles, à vous, Monsieur le Baron, cette sagesse et cette force d'en haut qui vous aideront à conserver intact ce patrimoine d'honneur et de principes qui vous est confié. Qu'il fasse aussi dans un ordre plus pratique, prospérer entre vos mains habiles cet héritage terrestre, qui est encore un puissant élément de bien et d'influence sociale. Qu'il tempère en vous, par cette bonté et cette condescendance qui vous sont naturelles, l'autorité que vous tenez de la religion et de la société, et que votre épouse, tout en vous respectant comme le chef, trouve en vous l'épanouissement de son cœur, et le meilleur attrait de sa vie.

Pour vous, Mademoiselle et chère enfant, qui recevez cet époux de vos parents, comme ils l'ont obtenu de Dieu par la prière et les œuvres de piété, vous vous appliquerez à entretenir les tendres sentiments de votre mari, par la douceur de votre commerce et l'aménité de votre caractère. Vous étudierez ses goûts pour les prévenir, et par ces ressources infinies que sait trouver un cœur formé à toutes les délicatesses, par la religion et par une mère qui s'est inspirée à ses enseignements, vous ferez aimer à votre époux ce foyer que vous aimerez vous-même, car, c'est dans son intérieur qu'une femme s'inspire de ses devoirs et qu'elle s'anime à les pratiquer. Ceux qui vous rapprocheront du pauvre vous seront doux à remplir, et votre époux, connaissant votre âme compatissante, sera heureux de remettre entre vos mains l'épargne du superflu, pour donner à l'indigent le nécessaire.

Coopérant ainsi au bien commun par l'accomplissement de vos devoirs réciproques, avec une noble émulation, vous vous perfectionnerez pour le Ciel, et, ici-bas, vous rendrez heureux ces parents qui se dépouillent de leur plus précieux trésor, pour vous donner l'un à l'autre.

Descendez donc abondantes sur ces jeunes époux, bénédictions des Patriarches, grâces des ménages chrétiens ! Rendez durable et exempte des noirs chagrins leur union que les cérémonies sacrées vont cimenter ! Que des rejetons nombreux perpétuent leurs vertus ! Fonder une famille vraiment chrétienne, surtout dans ces régions sociales où l'exemple part de haut, c'est aujourd'hui une œuvre patriotique; car si notre belle France agonise, c'est parce que de son sein, déchiré par nos discordes civiles, ont été arrachées ces traditions et ces croyances qui *font vivre les peuples. Selon la mesure de vos forces, vous travaillerez à les faire revivre; et vous montrant enfants dévoués de la France, autant que chrétiens soumis à l'Eglise, par la félicité pure, mais, hélas ! fugitive de la terre, vous vous acheminerez vers les joies permanentes du Ciel.*

9 782329 056395